LA COMMUNE DE PARIS,

AUX COMMUNES DE LA RÉPUBLIQUE.

CITOYENS,

DEPUIS trop long-temps la ville de Paris est calomniée par les amis de la royauté. Il n'est pas de reproches odieux qu'on n'accumule sur cette immense réunion d'hommes, dont le crime est d'aimer et de vouloir fortement la révolution qu'ils ont commencée et qu'ils sauront soutenir. Mais, Citoyens, par quels hommes ces inculpations mensongères sont-elles répandues? Par ceux qui, depuis des siècles, vivent des

A

abus royaux et sacerdotaux, par les nobles, les prêtres, qui, parens, alliés ou amis des émigrés, émigrés eux-mêmes rentrés furtivement et au mépris des loix, abhorrent tous les amis de la révolution, et n'aspirent qu'à tout bouleverser en France, en armant les départemens contre la ville qui s'est acquis tant de droits à la haine des méchans de toute espèce et de toutes robes.

Défiez-vous sur-tout de ces calomniateurs artificieux, plus dangereux que les paladins de Coble[illegible] qui, sous un faux dehors de vertu, cachent les intentions les plus perfides; qui, par leurs journaux ou leur correspondance, cherchent tous les moyens de pervertir l'esprit public et de le diriger vers le but auquel ils tendent; qui, enfin, dans les discussions les plus déshonorantes pour eux, n'ont que trop souvent l'adresse de se donner une apparence de raison aux yeux des hommes faibles et paisibles, par une feinte modération que rougiroit d'affecter le vrai patriote, indigné de leur scélératesse et ardent à la démasquer.

Combien ne voit-on pas, même parmi les représentans du peuple, de ces charlatans de vertu, qui, altérés de domination, déclament sans cesse contre des dominateurs; crient à l'anarchie, parce qu'un peuple éclairé par l'expérience, refuse de courber sa tête sous leur joug; donnent les dénominations les plus outrageantes aux mesures commandées par le patriotisme des autorités constituées, et cherchant à détourner l'attention publique de leurs desseins perfides, créent des fantômes afin de les combattre, et de se parer d'une popularité usurpée!

Enfin, Citoyens, par un dernier trait, vous pourrez juger de la confiance que méritent ces vils détracteurs de vos frères de Paris. Souvenez-vous que peu avant d'avoir jetté le masque, l'infâme Dumouriez ne dissimulant plus sa haine contre les braves volontaires partis de cette ville, le foyer du patriotisme, refusa les derniers renforts que nous envoyâmes, il y a deux mois, aux frontières : *qu'on ne me parle pas*, disoit-il, *de ces brigands de Paris, je n'en veux pas recevoir.* Nous vous laissons à vos réflexions sur l'accord frappant de cette conduite avec les calomnies réitérées de ces prétendus amis des loix. Tous tendent au même but, et tous seront déconcertés par l'union formidable et invincible des vrais patriotes de Paris avec ceux de tous les départemens.

Ils ont été bien trompés les perfides, qui vouloient amener à Paris une force départementale, entourer les représentans du peuple d'une garde prétorienne, afin de nous dominer par la terreur, et de poursuivre l'exécution de leurs ambitieux desseins. Ces volontaires des départemens, qu'ils avoient su faire arriver à Paris, sans attendre le décret qui auroit créé et organisé cette garde ; ces volontaires, qu'ils n'avoient que trop réussi à irriter par les récits les plus exagérés, à indisposer contre les habitans de Paris, eurent à peine passé quelques jours avec nous, que frappés du civisme pur et prononcé qu'ils remarquoient dans cette ville immense, enchantés de l'accueil fraternel et naïf que leur firent ces prétendus factieux, qu'il falloit, disoit-on, ramener à leur devoir, ils abjurèrent toutes leurs préventions, et formèrent avec nous une union solemnelle, qui fit trembler les agitateurs hypocrites, et qui, par un rapprochement bien singulier, fut jurée en face du château des Tuileries, au moment où la convention prononçoit sur le sort du tyran et la veille de son exécution. Cette fraternelle explication déconcerta plus d'un projet sinistre; les méchans virent que leur temps n'étoit pas encore arrivé; et il ne viendra jamais, citoyens, si, comme nous n'en doutons nullement, vous accueillez l'ouverture franche que vous font par notre organe les habitans de Paris. Restons étroitement unis; communiquons-nous nos espérances comme nos craintes; entretenons une correspondance aussi suivie que les localités pourront le permettre. Voilà ce que desire Paris;

voilà comment nous serons assurés de terrasser les méchans, d'anéantir les traîtres et de faire évanouir en fumée les détestables machinations de Dumouriez et de ses consorts. Voilà le seul fédéralisme que veulent les habitans de Paris, l'union du civisme et de la vertu; ils n'en voudront jamais d'autre.

Assuré que vous partagez nos sentimens civiques et que vous desirez autant que nous de resserrer les liens de la douce fraternité, qui fait le bonheur des gens de bien, le conseil-général a formé le projet d'entretenir avec vous une correspondance amicale et directe, et sur-tout aussi fréquente qu'il lui sera possible. Il croit très-important de vous donner des notions positives sur l'esprit public de Paris, sur les bonnes ou mauvaises actions des individus qui ont quelque influence dans le tourbillon politique, et sur-tout de vous communiquer les résolutions vigoureuses qu'il prend pour sauver la chose publique.

Veuillez répondre à nos lettres, et donner ainsi une nouvelle activité au patriotisme dont nous sommes tous animés.

Vous savez, sans doute, concitoyens, qu'à la nouvelle de la trahison horrible d'un général qui ne s'étoit que trop adroitement concerté avec nos ennemis intérieurs et extérieurs, toutes les sections de Paris se sont levées, non pas avec cette impétuosité turbulente et désordonnée, qui n'est que trop souvent l'indice de la frayeur et ne produit que des mesures inefficaces, mais avec ce calme majestueux, cette énergie foudroyante, le partage des hommes forts, et le présage assuré du succès.

Maintenant, à la voix du conseil-général de la commune, une foule de patriotes se pressent pour aller anéantir les rébelles qui désolent les départemens de la Vendée, des deux Sèvres, &c. Les Parisiens unis à leurs frères des départemens, vont tomber comme la foudre sur ces monstres : et, n'en doutons pas, citoyens, avant peu, ils auront purgé le sol de la république.

Paris est menacé par tous les despotes de l'Europe; désespérant de nous réduire par la force, ils épuisent toutes les combinaisons les plus perfides, pour nous entretenir dans un état violent, nécessaire à leurs vues. Ils espéroient que la punition du tyran leur fourniroit le prétexte d'un mouvement dans Paris : déconcertés par l'aspect tranquille et imposant que nous présentâmes à cette occasion, ils eurent recours à d'autres moyens. L'échec d'Aix-la-Chapelle, nos revers amenés par la trahison la plus infâme dont l'histoire puisse offrir l'exemple; les désordres des 25 et 26 février, prétextés par l'augmentation trop réelle des denrées, mais véritablement excités par les agens de l'Angleterre et de l'Autriche; l'horrible conjuration du 10 mars éventée par la fermeté de la commune de Paris, les inquiétudes sur les subsistances, tous ces évènemens sont les embranchemens d'un vaste projet qui devoit bouleverser Paris et jetter le trouble dans la France. Tout a été employé pour remuer, pour exaspérer ce peuple qu'ils voudroient porter à des excès condamnables, mais dont la conduite sage et tranquille fermera toujours la bouche à ses calomniateurs.

La convention qui n'est jamais si grande que lorsqu'elle fait taire les passions individuelles, pour travailler au bonheur public, la convention à laquelle nous nous rallierons constamment, malgré les reproches trop fondés que méritent beaucoup de ses membres, a secondé une grande partie des mesures que nous avons conçues pour le salut de la patrie. Soutenez de la force de l'opinion publique, ceux de ses membres qui veulent le bien, et dont la conduite franche et ouverte a pu quelquefois heurter ces esprits timides qui ne veulent que des demi-mesures. Sachez distinguer les vrais patriotes d'avec ces hommes astucieux qui voulurent à tout prix conserver le tyran, et qui n'aspirent qu'à nous en donner un autre. Unissons-nous tous en un faisceau indissoluble, la chose publique et sauvée, et la république française est immortelle.

Protégez, citoyens, protégez sur-tout les convois d'armes, de munitions de guerre et de bouche destinées pour Paris. Réciproquement nécessaires les uns aux autres, Paris et les départemens ne peuvent trouver leur avantage commun qu'en facilitant leurs communications respectives; et ceux qui veulent les intercepter, sont ou des hommes égarés qu'il faut instruire, ou des méchans qu'il faut réprimer.

Gardez-vous d'ajouter foi à cette inculpation aussi odieuse qu'elle est absurde, que Paris veuille s'arroger aucune prééminence sur les autres villes, sur la plus petite commune de la république; non, citoyens, toutes les communes de la France doivent être sœurs, comme les républicains sont frères. Placé plus près des évènemens, le centre où aboutissent la plupart des ressorts de la machine politique, Paris n'en a que plus de devoirs à remplir ; sa situation lui impose l'obligation d'une surveillance non interrompue, et s'il cherche jamais à l'emporter sur aucune portion de la république, ce sera par son patriotisme, son désintéressement, enfin par l'exercice de toutes les vertus civiques.

La plus heureuse harmonie règne ici entre toutes les autorités constituées ; ces petites et scandaleuses querelles de compétence, trop fréquentes lorsqu'une des autorités ne marche pas dans le même sens que les autres, sont heureusement inconnues parmi nous ; c'est à cet accord patriotique que nous sommes redevables d'avoir déjoué les innombrables tentatives que les méchans ont faites depuis plusieurs mois, pour nous armer les uns contre les autres. Cet heureux accord, nous desirons aussi l'entretenir avec vous : veuillez donc nous aider de vos conseils, nous éclairer sur nos fautes mêmes, établir enfin entre nous une communauté de lumières et de sentimens qui ne pourra que produire le meilleur effet. Nous l'attendons de votre patriotisme, et nous espérons ne pas demeurer en arrière.

Paris, ce 29 avril 1793, l'an second de la république française, unique et indivisible.

Pour copie conforme aux registres du comité de correspondance.

B L I N, secrétaire.

Membres du Comité de correspondance avec les quarante-quatre mille Municipalités.

LES CITOYENS,

Scipion-Duroure.

Bodson.

Dorat-Cubières.

Seguy.

Soulès.

Chénaux.

Grépin.

Renouard.

Blin.

Lauvin.

Boucher-René.

Cailleux, jeune.

B L I N, secrétaire.

De l'Imprimerie de C. F. PATRIS, Imprimeur de la Commune, rue du Faubourg St.-Jacques, aux ci-devant Dames Sainte-Marie.

www.ingramcontent.com/pod-product-compliance
Lightning Source LLC
LaVergne TN
LVHW020508230826
846091LV00008BA/3397
9782011941268